dtv

Wenn Rafik Schami einen Literaturpreis erhält, dann nutzt der inzwischen zum Bestsellerautor gewordene Erzähler solche Anlässe, um über seine Arbeit nachzudenken und uns daran teilhaben zu lassen. Doch auch der Dank des Dichters gerät unweigerlich zu Geschichten, die jeweils weitere provozieren, und plötzlich sind wir mittendrin und treffen auf so gute alte Bekannte wie Onkel Salim…

Rafik Schami, 1946 in Damaskus geboren, lebt seit 1971 in der Bundesrepublik Deutschland. Verschiedene Arbeiten auf Baustellen und in Fabriken. Studium der Chemie mit Promotionsabschluß. Seit 1982 freier Schriftsteller. Lebt in Kirchheimbolanden.

Rafik Schami

Vom Zauber der Zunge

Reden gegen das Verstummen

Deutscher Taschenbuch Verlag

Ungekürzte Ausgabe
Januar 1998
2. Auflage April 1998
Deutscher Taschenbuch Verlag GmbH & Co. KG,
München
© 1991 Verlag Im Waldgut AG, Frauenfeld
Umschlagkonzept: Balk & Brumshagen
Umschlagbild: Root Leeb
Satz: Offizin Andersen Nexö Leipzig GmbH
Druck und Bindung: C. H. Beck'sche Buchdruckerei,
Nördlingen
Gedruckt auf säurefreiem, chlorfrei gebleichtem Papier
Printed in Germany · ISBN 3-423-12434-2

Für Isabelle und Markus,
meine Oase in Zürich

Wie
eine wundersame Frau beim Zuhören jünger wird

Die Stiftung des Adelbert-von-Chamisso-Preises und des angeschlossenen Förderpreises ist ein kleiner Schritt zur Anerkennung der Gastarbeiterliteratur und der Südwindgruppe, denen ich verbunden bin. Alle fruchtbaren Schritte sind klein. Durch diesen Schritt wird hoffentlich ein Stück der Mauer abgetragen, die unsere Literatur lange Jahre umgab.

Diese paar Sätze schrieb ich, als ich die Rede vorbereitete. Ein Haufen Zettel lag auf dem Tisch im Arbeitszimmer. Bücher über Identität, über Literatur von Minderheiten und über Märchen lagen teils aufgeschlagen, teils aufgestapelt auf dem Boden. Mein Plan sah vor, zwei Wochen vor der Veranstaltung die Rede zu schreiben, sie dann zu korrigieren und zu straffen. Alles muß sitzen, präzis und knapp, sagte der Chemiker in mir. Alles muß sich listig in die Köpfe einschmuggeln, sagte der Orientale in mir.

Knapp, präzis und listig – eine dreifache Belastung also.

Ein bisher nicht genau definierter Virus, so ein kleines Ding, warf mich eine Woche ins Bett und brachte noch mehr Staub über die Zettel und Bücher. Ich schwitzte nicht wegen des Honigtees, ich schwitzte wegen der Vorstellung, hierherzukommen und aus Verlegenheit einen Quark als Dank zu sagen.

Ich mag wie Tucholsky keinen Quark.

Eine wichtige, nicht aufschiebbare Reise nach Hamburg verschlang weitere fünf Tage. Soll ich die vier Lesungen in den Schulen absagen? Ich entschied mich hinzugehen, nicht nur weil ich Kinder liebe, sondern weil ich erfuhr, daß die zehn- bis zwölfjährigen Schüler trotz 10000 Fernsehstunden noch nie mit einem Schriftsteller gesprochen hatten, geschweige denn mit einem Gastarbeiterautor.

Ich tröstete mich damit, daß ich auf der langen Fahrt im Zug schreiben könne. Immerhin sind es sieben Stunden hin und sieben zurück. Ich kann im Zug gut arbeiten, wahrscheinlich deshalb, weil die Schwebe im Zug meine Situation am besten wiedergibt. Außerdem ist es in deutschen Zügen sehr ruhig, ruhiger als in den Kirchen bei uns – jedoch nicht jetzt, wo ich es brauchte: Ein alter Schauspieler unterhielt mich von Mannheim bis Hamburg. Er erzählte traurig von Kindern, die nicht einmal im Theater lachen, auch nicht mehr an Stellen, wo sie früher Tränen gelacht haben. Ich versuchte immer wieder mit irgendwelchen Phrasen abzublocken, aber der alte Mann ließ sich damit nicht abspeisen.

Die Lesung in den Klassen war für mich eine Bereicherung, aber am letzten Abend in Hamburg ergriff mich wieder die Unruhe. Es sind nur noch zwei Tage bis zum Auftritt.

Aber du hast noch eine lange Fahrt nach Heidelberg, sagte ich und malte mir in meiner Phantasie das Bild meiner Einmauerung im Raucherabteil aus. Niemand, und sei es die Königin von Saba, wird mich verführen, von meinem Arbeitsheft aufzuschauen. Ich wählte ein leeres Abteil und breitete meine Bücher aus. Mit dem Mantel und der Aktentasche täuschte ich die Belegung von zwei Plätzen vor, mit meinen langen Beinen machte ich jedem Vorbeigehenden die Qualen eines Gegenübersitzens klar. Das wirkte. Als der Zug mit einem gewaltigen Ruck anrollte, atmete ich erleichtert auf: allein im herrlich schwebenden Arbeitszimmer. Ich betrachtete den Haufen Zettel. Die Idee war ausgereift. Ich griff zum Stift und schrieb: «Unsere Literatur ist in ihrer lebendigen, vielfältigen Form und in ihrem Inhalt ein Angebot an die Mehrheit. Sie plädiert für eine multikulturelle Gesellschaft, in der anstelle des nationalen Chauvinismus eine gegenseitige Bereicherung der Kulturen stattfindet. Wir, die Minderheit, müssen das Angebot machen. Das ist unsere Aufgabe. Eine Mehrheit macht, außer mit den Ausnahmen einer Revolution, kein Angebot. Sie ist bequem.» Ich machte eine Klammer auf und schrieb darin PoLiKunst, das ist unser Verein für Schriftsteller(innen) und Künstler(innen), in dem über fünfzehn Nationalitäten vertreten sind. Ich schrieb nach PoLiKunst die Worte: «Ein

Mikrobeispiel der Machbarkeit vom Zusammenleben verschiedener Kulturen.» Ich wollte gerade die Klammer schließen, als eine Stimme mich erschreckte: «Na ja! Präzis und kurz vielleicht, aber wo ist die List?»

Ich drehte mich um und sah eine alte Frau über mich gebeugt wie ein Olivenzweig.

«Wie wußten Sie von der List, wie kamen Sie überhaupt herein?» fragte ich etwas verdutzt.

«Hast du nicht geschrieben: nicht die Herkunft ist am Menschen wichtig, sondern sein Dasein?»

«Ja», antwortete ich.

«Na also!» sagte die Frau, sie stupste mich mit dem Stock, und ich zog meine Beine zurück. Sie setzte sich mir gegenüber. «Was schreibst du?»

«Ich muß kurz ein paar Gedanken über meine Arbeit aufschreiben, so zum Beispiel, warum ich am liebsten Märchen schreibe.»

«Laß das Warum und *erzähle* mir doch ein Märchen. Erzählen ist dein Beitrag. Dem Warum nachzurennen ist eine Rechtfertigung. Erzähle listig und präzise, aber langsam. Das Ohr ist durch das Auge taub geworden.»

Die Worte der Frau erinnerten mich an eine alte Weisheit der Araber, die früher gültig war: «Das Auge ist die Schaufel der Sprache.» Heute ist es eher ein Hammer für das Ohr.

«Ich habe keine Zeit», sagte ich und schaute in mein Heft, «morgen muß ich fertig sein.»

«Aber warum erschlägst du das Heute mit dem Kummer von morgen? Reicht es nicht, daß wir im IC schneller fahren als die Hexen je durch die Luft sausten? Erzähle doch! Wer weiß, ob wir uns je wiedersehen werden. Aber ich werde dir danken, daß du mein Leben um ein Märchen reicher gemacht hast.»

Ich schaute die Frau an und sah das gütige Gesicht meiner Mutter, die ich in meiner Fremde vermisse. Ich erzählte der Frau mein neuestes Märchen:

Der Kameltreiber von Heidelberg. Ein satirisches Märchen über die feine Kunst der Kameltreiberei, die nur annähernd von der Aquarellmalerei erreicht wird.

Während ich erzählte, geschah etwas Wundersames. Je weiter die Geschichte fortschritt, um so jünger wurde die Frau. Ab und zu wurde sie wieder alt. Als der Zug in Hannover einfuhr und die

Geschichte zuende ging, hörte mir ein zehnjähriges Mädchen zu.

«Die Stellen, an denen ich alt geworden bin», sagte sie, «die streichst du durch.»

Sie schwieg eine Weile und schaute mich an. «Was sagen die andern?»

«Manche sagen, es ist gut, daß alte, bewährte Erzählstrukturen wieder neu entdeckt und verändert werden. Manche aber gehen nach Heidelberg und prüfen nach, ob es dort je einen Kameltreiber gegeben habe. Andere wiederum fragen sich laut, warum ich häufig das Präteritum und nicht das notwendige Plusquamperfekt benutze. Sie kommen dann durch *belegte* Aussagen zu haarsträubenden Urteilen über meine Sprache und die meiner Freunde.»

«Aber sie prüfen nicht», zürnte die Frau, «ob es Amerika nicht gibt, wie Peter Bichsel erzählte, oder ob Kassandra tatsächlich das sagte, was Christa Wolf so schön webte. Ist Wahrheit meßbar?»

Beinahe hätte der Chemiker in mir zugestimmt. «Nein», sagte ich, «sie muß fühlbar sein. Aber darum geht es nicht. Es geht darum, daß wir, die Gastarbeiterautoren, aus dem heiligen Gebäude der Literatur einen offenen Garten gemacht haben. Einen, der viele Stimmen, Düfte, Stacheln und Farben hat.»

Ein reges Gespräch entwickelte sich bis Frankfurt. Wir sprachen über die Betroffenheit, nicht im sozial-bürokratischen Sinn, sondern von der Einmaligkeit der erlebten und durchlebten Augenblicke, die unsere Erfahrungen ausmachen, die weder durch guten Willen noch durch Anstrengungen nachzufühlen sind.

Plötzlich sagte die Frau: «Weil ich deine Märchen liebe, möchte ich von dir erfahren, wo du sie einordnest und wie du sie benennen willst.»

«Meine Märchen», sagte ich, «sind ein Bestandteil der Gastarbeiterliteratur. Da sie auf Deutsch erscheinen, sind sie eine deutschsprachige Gastarbeiterliteratur.»

«Aber warum so umständlich, warum nicht einfach ‹deutsche Literatur›? Noch etwas: Ist es nicht schade, wenn dadurch eine Spaltung zwischen euch und der deutschen Arbeiterliteratur hervorgerufen wird? ‹Gastarbeiter› schließt ja auch die Exilliteratur aus.»

«Also», antwortete ich, «die Welt wäre viel

ärmer, wenn sie nur noch aus Deutschen und Nichtdeutschen bestehen würde. Wir sind viel lebendiger und stolzer, als daß wir durch die Negation der Deutschen definiert werden. Zweitens, weil ich diese Literatur liebe, will ich sie vor einer verdächtigen Nachlässigkeit bewahren. Sie ist weder Exil- noch Arbeiterliteratur, weder den Themen noch der Form nach. Die Deutschen müssen mit und von uns lernen, daß es genau wie die englisch- und französischsprachige auch eine deutschsprachige Literatur von Fremden gibt, eine solche Definition trägt unserer Autonomie Rechnung.

Die Frau merkte meine Unruhe, als wir Darmstadt erreichten. Ich erklärte ihr den Grund meiner Unruhe. Ich habe weder über meine Erfahrung in der Literaturgruppe Südwind, noch über das Außenseiterthema meiner Kinderbücher, das mich mein Leben lang begleitet, noch über die Wut gegenüber der Literaturkritik in diesem Land geschrieben.

«Du hast es oft gesagt und geschrieben. Mußt du unbedingt das Ganze nochmals sagen? Ich erzähle dir lieber bis Heidelberg ein kurzes Märchen. Ich gebe dir das Märchen, wenn du es an mehr als fünfzig Zuhörer weitergibst – es ihnen nicht vorliest, sondern erzählst.»

Die Frau begann zu erzählen, und ich vergaß die Zettel und den Zug. Ich hörte ihre Stimme immer deutlicher, und von Satz zu Satz kam sie mir älter vor. Kurz vor Heidelberg war das Märchen vom Wald und dem Streichholz zu Ende.

Ich beeilte mich, meine Zettel und meine Zigaretten in die Aktentasche zu werfen, umarmte die Frau und eilte aus dem Zug.

In Verehrung dieser Frau, und weil ich das Märchen behalten will, erzähle ich es Ihnen:

Der Wald und das Streichholz

Es war einmal ein großer Wald. Hunderte von Pinien lebten stolz und mit erhobenem Haupt neben drei Olivenbäumen, die klein und schmächtig, aber nicht weniger stolz waren.

«Was interessiert es uns, daß die Pinien weit sehen? Sie sind nur hochmütig, und vom schwächsten Wind werden sie hin- und hergeschaukelt.

Wir sind tief verwurzelt, und auf dem Boden entgeht uns nichts», dachten die Olivenbäume.

Aber die Pinienbäume interessierten sich kaum für das, was auf dem Boden geschah. Sie waren stolz auf ihren weiten Blick.

Ab und zu stritten die Nachbarn, was besser sei: Oliven oder Pinienkerne.

«Wir geben den Armen die Nahrung. Euch braucht der Mensch höchstens als Verzierung mißlungener Gerichte», höhnten die Olivenbäume.

«Die wertvollsten Früchte tragen wir. Eure sind schmierig und ranzig», antworteten die Pinien.

Da sich die Nachbarn nicht aus dem Weg gehen konnten, waren sie sehr höflich zueinander, wenn sie sich grüßten.

Eines Tages sahen die Olivenbäume ein Streichholz auf dem Boden liegen. Das Streichholz flüsterte den Olivenbäumen zu: «Habt keine Angst, ihr bescheidenen, gütigen Olivenbäume. Ich will nur die Pinien anzünden. Die Pinien haben die Pappel, meine Mutter, beschimpft; ich will sie rächen.»

Zwei Olivenbäume sagten: «Was geht uns das an? Das Streichholz will ja nur die Pinien anzünden, und die sind wirklich hochnäsig.»

Der älteste Olivenbaum mit dem knorrigen Gesicht sagte: «Das Streichholz ist gemein». Und er rief den Pinien zu: «Holt den Wind! Holt die Wolken! Laßt sie regnen und dieses gemeine Biest zerstören.»

Die Pinienbäume lachten höhnisch. «Was kann schon ein Streichholz anrichten, der erbärmliche Sohn einer dämlichen Pappel?» Einige Pinien aber dachten: «Wenn es brennt, brennen die kleinen, häßlichen Olivenbäume ab. Dann holen wir die Wolken und löschen das Feuer. Dann verteilen wir unsere Kerne in die entstandene Lichtung – und wir, die aufrechten Pinien, sind unter uns!»

Der alte Olivenbaum reckte seine Zweige gen Himmel und versuchte den Wind und die Wolken herbeizurufen. Aber seine Arme waren kurz und starr, und er konnte weder Wind noch Wolken erreichen.

Als die Sonne schien, rollte sich das Streichholz unter eine Glasscherbe, die in der Nähe lag. Nach einer Weile loderte eine kleine Flamme auf. Das

Feuer wurde größer, und es fraß die Oliven- und Pinienbäume. Die Pinien schrien nach dem Wind und nach den Wolken, aber das knisternde Lachen des Feuers war lauter, und es regnete und stürmte nicht. Der Wald brannte nieder.

Seither hören alle Pinien der Welt die Berichte der Olivenbäume über alles, was auf dem Boden geschieht. Und die Olivenbäume lauschen aufmerksam dem, was die Pinien von der Ferne erzählen. Tag für Tag aber springen Streichhölzer aus ihren Schachteln und lauern auf eine Möglichkeit.

München 1985

Die sieben Siegel
der Zunge

Ich verdanke den Taddäus-Troll-Preis einem alten Nachbarn. Er war Kutscher, und da Autoren selten einem Kutscher dankbar sind, möchte ich Ihnen von ihm erzählen. Ich überlasse es Ihnen zu urteilen, ob ich in meiner Dankbarkeit übertreibe oder nicht.

Wir nannten den alten Kutscher Onkel Salim. Er war schmächtig, klein und kurzsichtig. Aber er war der großartigste Mensch, den ich kannte, und er blickte immer durch. Nein, jetzt fange ich an zu übertreiben. Wie soll ich wissen, daß er der großartigste Mensch war, und durchgeblickt hat er auch nicht immer. Das habe ich von ihm; er übertrieb immer. Ich erinnere mich, wie er eines Tages von einem Nachbarn unterbrochen wurde. Der Mann sagte höflich, er glaube, die Geschichte sei etwas übertrieben. Onkel Salim lachte:

«Du meinst wohl, ich lüge! Ja, ich lüge. Weißt du nicht, daß Lüge und Wahrheit Zwillingsschwestern sind? Sobald die eine auftaucht, erscheint die andere auch. Man braucht bloß gute Augen.»

Onkel Salim konnte stundenlang erzählen. Vielleicht hat er mir auf seine leise Art beigebracht, wie man erzählt. Er erzählte gut, ob er nun müde, betrunken oder gar traurig war. Er hatte wirklich viel erlebt; er erzählte von Königen, Feen und Dieben, er war in den dreißiger Jahren Kutscher gewesen und die Strecke zwischen Damaskus und Beirut gefahren. Heute sind die etwa 100 Kilometer keine Entfernung mehr, aber damals brauchten die Kutscher zwei anstrengende Tage für die Fahrt. Zudem waren es zwei gefährliche Tage: die Strecke führt durch die Berge, und dort wimmelte es von Räubern, die ihr Brot verdienten, indem sie vorbeifahrende Kutschen ausraubten.

Onkel Salim wurde nie überfallen, so erzählte er. Erreichte er das Gebiet eines Banditen, so ließ er – von den Fahrgästen unbemerkt – mal etwas Wein, mal etwas Tabak am Straßenrand, und der Räuber winkte ihm, er solle in Frieden weiterfahren. Nicht aus Angst machte er seine Gaben, sondern aus Achtung vor den Banditen. Er sagte: «Räuberarbeit ist ein anständiger und anstrengender Beruf, wie der eines Bankdirektors.»

Er war überhaupt ein merkwürdiger Mensch. Er arbeitete nie länger als drei Tage in der Woche. In den übrigen Tagen lebte er auf. Er war lustiger als ein Clown und großzügiger als ein erhabener Emir der Wüste. Er tischte seinen Gästen keine gebratenen Gazellen auf, aber sein wunderbares Lächeln ließ seine Freunde bei einem Glas Tee sich wohler fühlen als beim großzügigsten Scheich der Wüste. Als ich ihn fragte, warum er nur drei Tage arbeite und arm bleibe, lächelte er:

«Drei Tage Arbeit genügen den Menschen. Wenn wir zwei Leben hätten, dann hätte ich in dem einen gearbeitet und im anderen genossen. Aber wir haben leider nur ein Leben, deshalb sollte der Mensch die Woche so aufteilen: drei

Tage Arbeit, drei Tage Ruhe und einen Tag zum Nachdenken.»

Das sagte Onkel Salim nicht einfach so. Er lebte auch danach. Natürlich haben ihn die Erwachsenen ausgelacht; die arbeiteten damals sechs Tage in der Woche, und viele machten Überstunden. Aber wenn ich heute die Welt betrachte, dann begreife ich, wie recht dieser alte Kutscher, der nicht lesen konnte, der aber wohl das Leben verstand, gehabt hat. Ich bin sicher, die Menschen werden eines Tages vernünftig und arbeiten nur noch drei Tage, danach würden sie sich ausruhen und nachdenken. Sie werden vielleicht nie an Onkel Salim denken, der als erster danach lebte. Das ist einer der Gründe, weshalb ich diesem alten Mann ein Denkmal setzen möchte. Ein Denkmal aus dem bestmöglichen Material, das Onkel Salim gefallen hätte: aus Worten.

Eines schätzte Onkel Salim über alles: die Freundschaft. Es war schwer, sein Freund zu werden. War man es, so konnte niemand daran rütteln. Er schämte sich meiner nicht, auch als mein Vater in seiner Wut mich zu den schlimmsten Gaunern unter der Sonne zählte.

«Die Schwachen, mein Junge», sagte er mir eines Tages, «die Schwachen haben die Freundschaft erfunden. Die Mächtigen dieser Welt brauchen keine Freunde, sie haben ihre Macht. Nur die Freundschaft macht die Schwachen stark.»

Er konnte nicht lesen, dieser alte Kutscher, aber er war weise. Sokrates wußte viel weniger als heute ein Abiturient, aber mit seinem Wissen drang er bis zur Wurzel des Lebens – wie Onkel Salim. Nein! Was vergleiche ich da, nur um den alten Kutscher gut darzustellen. Er war manchmal unerträglich grob und stur, wenn er viel Arrak getrunken hatte. Dann war er ein Busenfreund des Sultans Abdul Hamid. Dann wollte er nicht mehr der einfache Kutscher über vier Rädern sein, dann tat er, als habe er das Rad erfunden.

Warum soll ich lügen? Kutscher haben ein ziemlich rauhes Leben. Sie sind, wenn auch oft unter Menschen, wie die Schriftsteller Einzelgänger – der eine trotz seiner Fahrgäste, der andere trotz seiner Leser und Zuhörer. Auf langen Reisen durch öde und üppige Landschaften, im

Dschungel der Wörter, der Ideen, in der berühmten Wüste der «leeren Seite» sind sich Autoren und Kutscher gleich: die Reise zum Ziel verlangt Ausdauer, Härte gegen Verführungen durch manche Fata Morgana; sie verlangt immer wieder, sich das Ziel vor Augen zu halten – das Ziel, das sich bald in den Ausgangspunkt der nächsten Reise verwandelt, sobald man es erreicht hat. Ein guter Autor ist niemals am Ziel, und ein Kutscher ist keiner mehr, wenn er sich bei der Ankunft für immer zur Ruhe setzt.

Damals, erzählte mir Onkel Salim, waren die Eltern gegen den Beruf des Kutschers. Vielleicht waren die Rastlosigkeit und das rauhe Leben die Gründe. Kutscher hatten einen soliden Beruf mit schlechtem Ruf.

Können Sie sich vorstellen, wie klein der Prozentsatz der Eltern wäre, die in Jubel ausbrechen, wenn ihr Kind an einem ganz gewöhnlichen Morgen beim Frühstück sagt: «Ich habe beschlossen, Dichter zu werden.»

Eine merkwürdige Mischung aus Bewunderung und Geringschätzung, Achtung und Mißtrauen, vermengt mit einem romantischen Rosa-

Rot, macht das Schriftstellerbild in der Vorstellung vieler zu einem unsoliden Beruf mit gutem Ruf. Dabei ist der Autor ein Handwerker, ja sogar einer des alten Stils: er produziert alles im Alleingang, also das, was heute in der kleinsten Autowerkstatt unmöglich ist. Nur, dieses alte Handwerk kann mit seiner Kunst eine Leistung vollbringen wie kaum ein anderes Handwerk: Es kann Figuren lebendig machen, deren Bestandteile unbestritten aus dem Leben stammen, deren endgültige Form aber im Leben niemals vorkommt. Gerade deshalb gewinnen diese Figuren wie kein anderes Lebewesen, geschweige denn ein Produkt, ewiges Leben. Äsops Schildkröte, die den Hasen besiegt, ist unsterblich und Millionen Menschen näher und bekannter als Tausende umjubelter Herrscher – ebenso Gorkis Mutter, Kazantzakis' Sorbas, Scheherazade und Krabat.

Mein Onkel Salim kannte Krabat nicht, aber Scheherazade liebte er abgöttisch. Er sprach von ihr, als wäre sie eine Nachbarin; und er besaß die Frechheit, nicht nur ihr Gesicht zu beschreiben, sondern von ihrem Körper zu schwärmen, als hätte er mit ihr zusammengelebt.

Von Onkel Salim will ich Ihnen erzählen. Sicher habe ich einige Abschnitte dieser Rede schon lange geschrieben, aber in ihrer jetzigen Form habe ich sie erst vor einer Woche aufs Papier gebracht. Die Zeit war knapp. Soll ich nun über die Erzählkunst und über Onkel Salim *vorlesen*? Nein. Mit der Hilfe meiner Freunde Sinasi Dikmen und Eleni Torossi kann ich Ihnen heute die dritte «Fassung» erzählen. Sinasi Dikmen danke ich dafür, daß er trotz seiner ermüdenden Arbeit und der Hektik der letzten Wochen mir ruhig zuhören konnte. Ich habe ihm die erste Fassung erzählt. Eleni Torossi danke ich dafür, daß sie trotz ihrer vielseitigen Arbeit mir die Ruhe geschenkt hat, durch die ich am Telefon eine Stunde lang die zweite Fassung erzählen konnte. Beide, Eleni und Sinasi, haben mir durch ihre solidarische Kritik geholfen, daß ich Ihnen jetzt die dritte Fassung etwas weniger langweilig erzählen kann. Das hat direkt mit der Erzählkunst zu tun. Auch nach jahrelanger intensiver Arbeit kann ich die ersten Fassungen der jeweiligen Erzählungen nur einem vertrauten Kreis von Freunden erzählen. Erst dann, wenn ich ihre Kritik gehört habe, kann ich meine Geschichten einem breiten Publikum erzählen.

*

Nach dem Tode seiner Frau lebte Onkel Salim allein in einem kleinen Zimmer. Die Nachbarn halfen ihm, wo immer sie konnten. Er war arm, aber er lebte nicht im Elend.

Sieben Freunde besuchten den alten Kutscher jeden Abend. Es waren gleichaltrige Männer, so um die siebzig: ein Lehrer, ein Schlosser, ein Caféhausbesitzer, ein Friseur, ein ehemaliger Minister, ein Emigrant, der nach dreißig Jahren Fremde zurückgekehrt war und ein ehemaliger Sträfling, der fünfundzwanzig Jahre lang im Gefängnis saß für einen furchtbaren Mord, den er nicht begangen hatte. Als dann der Mörder gefaßt wurde, entschuldigte sich der Staat mit einer kleinen Rente – als ob man verlorenes Leben jemals durch Geld wiedergutmachen könnte.

Wie dem auch sei, diese Freunde trafen sich Abend für Abend seit über zwanzig Jahren beim alten Salim. Sie kamen aus zwei Gründen. Der erste Grund war wichtiger: Onkel Salim erzählte, wenn die Runde genug über Politik gestritten hatte, eben seine spannenden Geschichten. Der zweite Grund ist ehrlicher: Um ihn zu erklären, muß ich etwas ausholen.

Im Damaskus der sechziger Jahre lebten die Familien noch zu drei, manchmal zu vier Generationen in einem Haus. Das ist auf der einen Seite sehr schön, weil die alten Menschen bis zum letzten Tag in Gemeinschaft lebten und nicht isoliert auf den Tod warteten. Auf der anderen Seite aber war es für die alten Menschen anstrengend: Sie konnten nicht einmal ein Glas Tee trinken, ohne daß zehn Kinder um sie herum standen und mit ihren wunderschönen Augen und Rotznasen um einen Schluck bettelten. Keine Wasserpfeife konnte eine Oma oder ein Opa zu Ende rauchen, ohne daß sie dreimal umgestoßen wurde. Deshalb kamen die alten Herren zum Kutscher, denn bei ihm konnten sie ihren Tee und Tabak genießen.

Eines Nachts im August – der August in Damaskus ist unerträglich heiß und schwül –, eines Nachts also wachte Onkel Salim plötzlich auf. Er war schweißgebadet. Als er sich im Bett aufgerichtet hatte, spürte er, daß jemand im Zimmer stand.

«Wer ist da?» fragte er.

«Endlich bist du wach geworden», antwortete eine Frauenstimme erleichtert. Es war stockdunkel, aber Onkel Salim spürte die Hand der Frau, die sein Gesicht berührte. Sie duftete nach Orangenblüten.

«Ich komme, mein lieber Freund, um mich von dir zu verabschieden.»

«Wer bist du?» fragte Salim, da er die Stimme zuvor nie gehört hatte.

«Ich bin deine Märchenfee. Denkst du wirklich, du hättest so lange Märchen erzählen können, wenn ich dir nicht seit über sechzig Jahren treu zur Seite gestanden hätte? Wie oft habe ich dir eine Brücke geschlagen, wenn du den Faden verloren hattest. Nun bin auch ich alt geworden und gehe in Rente. Wenn ich aber meine Rentenzeit beginne, wirst du stumm bis zum Ende deines Lebens. Ich habe dich immer geliebt, Salim. Ich bat den Feenkönig um Gnade, und unser König war gnädig und sagte: ‹Ich weiß, du bist immer schon in diesen komischen Kutscher verliebt gewesen. Geh zu ihm und sage ihm unsere Bedingung.›»

«Was für eine Bedingung?» fragte Onkel Salim mit trockener Kehle.

«Du hast von jetzt an nur noch einundzwanzig Wörter. Danach wirst du stumm für alle Zeiten. Wenn du aber sieben Geschenke in drei Monaten bekommst, dann wird eine junge Fee dir zur Seite stehen, und du wirst weiter erzählen bis zum letzten Tag deines Lebens. Vergeude deine Worte nicht, Salim, mein Geliebter, Worte sind Verantwortungen. Frage mich nicht danach; die Geschenke mußt du herausfinden, denn der Feenkönig hat es nicht einmal mir verraten. Überlege dir genau, was du noch sagst. Du hast nur einundzwanzig Wörter!»

Als guter Orientale hielt Salim Zeit seines Lebens keinen Preis für endgültig und kein Angebot für göttliches Gebot.

«Nur einundzwanzig?» flüsterte er in einem Ton, der das Herz des schlimmsten Händlers auf dem Basar erweichen konnte.

«Es sind nur noch neunzehn», antwortete die Fee streng, öffnete die Tür und rannte hinaus.

Salim sprang aus dem Bett und eilte hinter der Frau her, aber sie war verschwunden. Ein Nachbar kam gerade aus seinem Zimmer und wollte auf die Toilette gehen.

«Gott! Was für eine Hitze! Du kannst auch nicht schlafen», sagte er dem verwirrten Kutscher.

«Nein», antwortete Salim und verfluchte sich, daß er wieder ein Wort umsonst verloren hatte.

Am nächsten Morgen wunderten sich die Nachbarn, daß der ansonsten redselige Kutscher nicht einmal ‹Guten Morgen› sagte. Onkel Salim eilte zu seinen Freunden von Haus zu Haus und versuchte, ohne ein Wort zu verlieren, sie zu bitten, unbedingt zu ihm zu kommen. Es war nicht leicht für den alten Kutscher. Aber die sieben Freunde verstanden ihn und eilten, voller Sorge um den Verstand ihres Freundes, schon am frühen Nachmittag zu ihm.

Als alle beieinander saßen und ihn anstarrten, sprach Salim sehr langsam. In achtzehn Wörtern gab er die Mitteilung der Fee wieder. Er wollte noch hinzufügen, daß er selber nicht daran glaubte, konnte aber keine Silbe mehr über die

Lippen bringen. Auch als der Friseur ihn zwickte und kitzelte, und Salim schreien und lachen wollte, konnte er keinen Ton herausbringen. Der Schlosser rief plötzlich: «Ich weiß, was die sieben Geschenke sind. Ich kenne doch den alten Gauner Salim über fünfzig Jahre lang. Seit Jahren kommen wir zu ihm, trinken ihm den Tee und rauchen ihm den Tabak weg, und keiner von uns Idioten kommt darauf, ihn einmal richtig einzuladen. Es sind sieben Einladungen, die seine Zunge befreien. Aber ich sage euch, wenn er die gebackenen Auberginen kostet, die meine Frau herzaubert, dann wird er wie ein Kanarienvogel trillern. Also morgen bei mir.»

Der Schlosser eilte nach Hause. Er mahnte seine Frau, sich besondere Mühe zu geben.

Am nächsten Tag kamen die sieben Freunde zum Schlosser. Das Auberginengericht war in der Tat unbeschreiblich deftig. Salim aß genüßlich und dachte an die Frau, die so gut kochen konnte. Immer wieder legte der Schlosser eine neue Aubergine auf den Teller seines Freundes. «Na, schmeckt es?» fragte er. Salim nickte, aber er konnte nicht sprechen.

«Nichts gegen die Kochkunst deiner Frau», sagte der alte Lehrer, «aber wenn Salim den Tabbulesalat meiner Frau mit dem kühlen Arrak genießen würde, dann würdet ihr sehen, wie er Scheherazade mundtot redet.»

Onkel Salim genoß den Salat und den kühlen Arrak. Er übertrieb so sehr, daß er betrunken wurde und fürchterliche Blähungen bekam. Aber sprechen konnte er nicht. Sieben Tage fütterten die Freunde ihren Salim. Er wurde von Tag zu Tag dicker, aber reden konnte er nicht.

«Ich weiß es», rief der Cafébesitzer, «es sind sieben Weine, die der alte Salim trinken muß, damit seine Zunge keinen Knoten mehr hat. Ich weiß aus der Erfahrung langer Jahre, daß Wein die Zunge löst. Wie oft laberten mich Typen zutode, die vorher stumm wie Steine dagesessen hatten.»

In den nächsten Tagen wanderten die alten Herren in die Kneipen. Salim wurde jede Nacht betrunken. Aber auch, als er nicht nur sieben Weine, sondern zudem sieben Schnäpse getrunken hatte, konnte er nicht reden.

Der Friseur schlug vor, Salim sieben Parfümsorten riechen zu lassen. Salim stimmte zu. Bei der ersten Flasche atmete er genüßlich ein, bei der zweiten zog er den Duft nur mit halber Kraft in sich hinein. Bei der dritten Flasche machte er den Gang nur noch pflichtgemäß und an der vierten wollte er nicht mehr riechen. Die Freunde aber zwangen ihn, bis zur siebten Flasche durchzuhalten. Salim bekam am Ende dieser Kur Kopfschmerzen, aber reden konnte er nicht.

Sieben Hosen und Hemden konnten die Zunge des alten Kutschers genauso wenig befreien, wie der erfolgreiche Gang durch sieben Ämter; der Minister a. D. hatte seine Beziehungen spielen lassen, damit Salim seinen wortlosen Antrag auf Rente genehmigt erhielt. Das glich einem Wunder. Salim weinte vor Rührung, aber sprechen konnte er nicht.

Da kam der Emigrant auf eine Idee.

«Der alte Salim hat doch seit Ewigkeiten keine Reise mehr gemacht. Es ist die Sehnsucht seiner Seele, die ihn stumm macht. Er muß wahrscheinlich durch sieben Städte, über sieben Berge und durch sieben Täler gehen.»

Der ehemalige Minister bot an, die ganzen Kosten zu übernehmen, wenn der alte Salim zustimmte.

Salim bedeutete mit seinen Händen, daß er die Reise machen wolle, wenn er in einer Kutsche fahren dürfe. Er wolle aber mit diesen gottverdammten Autos, die so viele Kutscher brotlos gemacht haben, keinen Meter fahren. Lieber würde er für immer stumm bleiben.

Natürlich hat sich der alte stumme Kutscher nicht so deutlich ausgedrückt. Mit den Händen und Gesichtsmuskeln mußte er sich begnügen. Für die Worte ‹gottverdammte Autos› hat er auf den Boden gespuckt, während er mit den Händen ein unsichtbares Lenkrad bewegte, um den Gegenstand seiner Verachtung zum Ausdruck zu bringen.

Die Freunde mieteten eine alte Kutsche, und Salim fuhr, vom Schlosser und dem Caféhausbesitzer begleitet, durch sieben Städte, über sieben Berge und Brücken, überquerte sieben Ebenen und Täler. Die Reise dauerte vierzig Tage. Als er zurückkam, war er erschöpft und gereizt, aber sprechen konnte er nicht.

Naturheiler, weise Hexen und auch Scharlatane verabreichten dem armen Kutscher die widerlichsten Säfte und Kräutermischungen. Salim wurde von Tag zu Tag blasser, aber sprechen konnte er nicht.

«Es bleiben nur noch sieben Tage», sagte der ehemalige Minister voller Sorge. Salim und die anwesenden Freunde nickten stumm.

«Ich glaube, ich weiß es jetzt!» rief der Lehrer. «Es liegt ja auf der Hand», sagte er, als ob er sich selber Mut machen wollte. «Es sind sieben Erzählungen, die Salim hören muß, damit sich seine Zunge wieder löst.»

Der Friseur war begeistert, nicht jedoch der schweigsame Schlosser und der Emigrant.

«Klar, was können Lehrer und Friseure? Quatschen! Davon lebt ihr ja. Ich kann aber überhaupt nicht erzählen und glaube auch nicht, daß dieser Quatsch Salim hilft.»

Lange stritten die Freunde, aber auch der Schlosser fand keinen anderen Weg mehr.

«Ich fange an», sagte der Lehrer, «aber bevor ich euch die Geschichte erzähle, möchte ich euch sagen, warum ich gerne erzähle. Ich erzähle gerne, weil ich es genieße, meine Schüler aus den Klauen der Langeweile zu befreien. Deshalb achte ich beim Erzählen mehr als beim Unterrichten auf die Form. Gerade die Form macht die Erzählung zum Kunstwerk und verschafft ihr Gehör über die Grenzen von Ort und Zeit hinweg. Das bloße Mitteilen können die Tiere effektiver als wir, aber nur der Mensch kann von Noch-nie-Dagewesenem erzählen. Ich erzähle gern, nur nicht, wenn ich traurig bin...»

«Ist ja gut, fang endlich mit der Erzählung an!» meckerte der Friseur. Der Lehrer hüstelte und erzählte eine Liebesgeschichte. Erst spät in der Nacht gingen die Freunde auseinander, und Salim konnte zum ersten Mal seit langem tief schlafen.

Am nächsten Tag traf sich die Runde wieder. Onkel Salim hatte bereits die Wasserpfeife und den Tee vorbereitet, und so konnte der Caféhausbesitzer beginnen.

«Also, gestern Nacht dachte ich zum erstenmal lange über das Erzählen nach. In vierzig Jahren hatte ich einige Caféhauserzähler gehabt. Viele waren schlecht und einige waren gut. Was ist der Unterschied, fragte ich mich, zwischen einem guten und einem schlechten Erzähler? Es ist schwer zu sagen. Sicher saßen meine Gäste nicht so brav und lauschten nicht so aufmerksam wie ihr. Nein! Sie haben gegessen und getrunken, und die Erzähler mußten gegen den Lärm kämpfen. Sie konnten die Gäste nicht zur Ruhe mahnen oder bestrafen. Erzähler sind ja keine Lehrer. Die Zuhörer können ihnen also davonlaufen. Es half auch nicht zu schreien. Im Gegenteil. Ich erinnere mich, daß die guten Erzähler die leisesten waren. Nein, weder deftige Worte, noch das Fuchteln mit den Händen, noch die Höhe und Tiefe der Stimme machen einen Erzähler aus. Nur wer mit jeder Faser seines Herzens Erzähler ist, kann seine Zuhörer in die Welt seiner Geschichten entführen.»

«Warum?» fragte der Schlosser.

«Weil es für die Zuhörer nichts Schlimmeres gibt als einen unglaubwürdigen Erzähler – einen, der so tut als ob. Ich habe gesehen und gelernt, daß ein Erzähler, der nicht mindestens mit einem Fuß in der Welt seiner Geschichten steht, scheitert, und es hilft ihm auch keine Anbiederung. Manche erwachsenen Zuhörer sind dem Erzähler gnädig und gähnen mit geschlossenem Mund. Wenn jedoch Kinder unter den Anwesenden sind, wird ein Erzähler spüren, wie gut oder schlecht er erzählt. Kinder sind die besten Zuhörer. Sie bezahlen gnadenlos und großzügig mit Ablehnung und Zustimmung – bar, versteht sich. Die guten Erzähler können die Zuhörer in ihren Bann ziehen, ohne dauernd arme Drachen Feuer speien, Hexen die irrsinnigsten Gifte zusammenbrauen oder Teppiche herumsausen zu lassen. Nein, in jeder Stadt, im kleinsten Keller kann ein Märchen geschehen, und der Flug einer Schwalbe kann märchenhaft sein.

Abend für Abend gaben die Caféhauserzähler ihr Bestes. Wenn sie von der Bühne herunterkamen, waren sie erschöpft wie Klempner. Sie verdienten sehr wenig. Wenn ich ihnen das Geld aushändigte, fragte ich manchmal: ‹Warum erzählst du für das wenige Geld einen ganzen Abend lang?› Manche sagten: ‹Wir können nichts anderes, wir sind Erzähler.› Doch eines Tages sagte mir einer der besten Erzähler: ‹Ich erzähle für den Lohn, den die Zuhörer mir geben: den Genuß, erwachsene Löwen in lauschende Kinder zu verwandeln.›

Von diesem Erzähler will ich euch die schönste Geschichte erzählen. Ich hoffe, daß sie euch gefällt und dem guten Salim Gesundheit schenkt.»

Der Caféhausbesitzer erzählte seine Geschichte bis zur Morgendämmerung.

Am nächsten Tag war der ehemalige Minister dran.

«Eure Geschichten und Ausführungen», sagte er, «haben mir den Schlaf geraubt. Ich saß auf der Terrasse und dachte nach. Was ist Erzählen überhaupt? Heute morgen mußte ich für meinen Sohn und seine Familie einiges vom Markt holen. Dort traf ich meinen Freund, den persischen Dichter Said Merhadi. Als ob der meine Gedanken lesen konnte, sagte er plötzlich: ‹Glaubst du nicht, daß das Erzählen ein Handwerk der Armen und Unterdrückten ist?› Wie immer hatte er keine Zeit; er verabschiedete sich und eilte davon. Ich glaube, die Armen haben nicht nur die Freundschaft, sondern auch das Erzählen erfunden. Die Mächtigen erzählen nicht, sie lassen erzählen. Wenn sie das Wort ergreifen, teilen sie nur mit. Ihr Interesse erschöpft sich darin, das Mitgeteilte im Sinn ihrer Machterhaltung durchführen zu lassen. Herrscher hören nie richtig zu; wie sollen sie gut erzählen können? Ich, zum Beispiel, bin erst redselig geworden, als ich unsanft meines Amtes enthoben worden bin. Die Unterdrückten erzählen nicht nur, um ihre Unterdrückung darzustellen, sondern um über den Genuß der Utopien und Träume in der erzählten Gegenwelt zur Gemeinsamkeit zu gelangen. Doch genug jetzt. Ich will euch eine Geschichte erzählen, eine wunderbare und lustige Geschichte.»

Und der Minister erzählte seine Geschichte, doch er schmückte jede Handlung und jeden Gegenstand so sehr aus, daß der Friseur und der Schlosser einschliefen. Der Emigrant rieb sich immer wieder die Augen. Onkel Salim gähnte und wünschte sich, daß der Minister bald zum Ende käme. Der ehemalige Häftling und der Caféhausbesitzer schauten den Minister so finster an, als ob er von Mord und Totschlag erzählte; dabei war die Geschichte lustig, wenn man sie nach der Heiterkeit des erzählenden Ministers a.D. beurteilen wollte. Nur der Lehrer meldete sich von Zeit zu Zeit: «Was für eine schöne Formulierung».

Als die Gäste nach Hause gingen, war Salim hellwach. ‹Die Geschichte hat gut angefangen, aber der Kerl hat sie toterzählt. Wie könnte sie anders verlaufen?› Er dachte nach. Im Morgengrauen hatte er eine neue Geschichte erfunden. Er war überglücklich, daß die Fee ihm heimlich geholfen hatte, ein Märchen zu erfinden, und doch war er traurig, daß er es niemandem erzählen konnte.

Am nächsten Tag war der Emigrant an der Reihe.

«Bevor ich in die Fremde ging, war ich redselig. Ich wußte nicht, was das Wort für einen Wert hat, bevor ich fast verstummte. Worte sind Juwelen, die der schätzt, dem sie entzogen wurden. Salim weiß dies nun besser als jeder andere», sagte er. Der alte Kutscher nickte traurig.

«Ich blieb stumm, auch lange Zeit nachdem ich der Sprache des Landes kundig geworden war. Was willst du den Leuten erzählen, die von dem, was uns ausmacht, nur eine blasse Ahnung haben? Ich bin mit dem Herzen eines Löwen und der Geduld eines Kamels in die Fremde gegangen, doch Mut und Geduld halfen mir nicht gegen meine Stummheit. Die Fremde schenkte mir die Zunge eines Kindes, und dasselbe geschah mit meinem Herzen. Mit dem Herzen und der Zunge eines Kindes und der Geduld eines Kamels habe ich erzählt. Erzählt habe ich um zu fragen, und nicht, um Antwort zu geben. Es ist das Kind, das in mir erzählt – fragend erzählt. Doch genug der Erklärungen. Ich will euch heute etwas erzählen, das ich nicht erfunden, sondern in der Fremde erlebt habe. Ihr werdet es nicht glauben, obwohl ich kein Körnchen Pfeffer darauf streue.»

Der Emigrant begann zu erzählen, doch weit kam er nicht.

«Also hör mal!» rief der Schlosser, «willst du uns auf den Arm nehmen? Was soll das: Hunde kriegen zwanzig Sorten Futter und die Amerikaner küssen kaum ihre Kinder! Es fehlt noch, daß du erzählst, sie küssen ihre Hunde und bringen sie zum Friseur.»

Der Emigrant wollte am liebsten dem Schlosser ein «Natürlich!» ins Gesicht schreien, aber ein zischendes «Igitt, igitt» des Friseurs ließ ihn lügen. «Ich habe nur gesagt, es sind viele Hunde und viele Sorten Hundefraß», rettete er sich. Er erzählte verbittert, weil er lügen mußte, damit seine Freunde ihm glaubten. Alles schien sich gegen ihn verschworen zu haben. Die traurigen Episoden belustigten seine Zuhörer, und seine lustigen Witze rauschten an ihnen spurlos vorüber. Erleichtert atmete er auf, als er die Geschichte zu Ende gebracht hatte.

Am nächsten Tag fieberten alle nach der Erzählung des Friseurs. Es war im ganzen Viertel bekannt, daß er ein miserabler Friseur, aber ein unvergleichlicher Erzähler war, und seine Kunden nahmen den schlechten Haarschnitt und manche Schnittwunden in Kauf, um seine Geschichten und Kommentare zu allem und jedem zu hören.

«Ich habe das Gefühl», sagte er, als Onkel Salim ihm das Teeglas reichte, «daß sich die Gesichtsmuskeln beim Einseifen lockern und deshalb die Kunden mir Sachen erzählt haben, die sie nicht einmal ihren Frauen und Beichtvätern zumuten. Doch vieles davon ist langweilig, und man braucht Hiobs Geduld, um im ganzen Brei eine Rosine zu finden. Doch zum eigenen Erzählen will ich euch etwas sagen. Als ich meine Lehre anfing, sagte mir mein Meister: ‹Ein Friseur erzählt jedem Kunden das, was der Kunde hören möchte.› Das ist nach meiner Meinung ein weit verbreiteter Ratschlag für schlechte Friseure. Ich habe nur erzählt, was ich wollte. Unter meiner Schere waren die Köpfe gleich, ob sie einem Richter oder einem armen Teufel gehörten. Ich habe beim Erzählen nie Angst gehabt, doch bei dir und einigen anderen ‹Lehrern›», sagte der Friseur und schaute den Lehrer an, «habe ich nach einer Weile die Lust verloren, weil ihr nicht meine Geschichten, sondern meine Sprachfehler verfolgt habt: ‹‚erschreckt' sagt man und nicht ‚erschrocken'! Hier muß es ‚ging' und nicht ‚ist gegangen' heißen.› Doch jetzt komme ich zu meiner Geschichte.» Und der Friseur erzählte eine Lügengeschichte bis zur Morgendämmerung. An manchen Stellen lachten die alten Männer laut. Auch der Lehrer, obwohl er einige Zeilen «anders formuliert hätte». Nur Onkel Salims Freudentränen waren lautlos.

Am nächsten Tag war der ehemalige Sträfling an der Reihe. Er kam, setzte sich auf das Sofa und schwieg eine Weile.

«Was soll ich euch erzählen? Fünfundzwanzig Jahre saß ich in einer Zelle im dunklen Keller. Was habe ich erlebt zum Erzählen? Aus dem Gefängnis kam ich als gebrochener Mensch. Erst durch euch fing ich an zu leben, aber wer kann mir all die Jahre zurückgeben?» Seine Stimme erstickte in seinen Tränen. Salim stand auf, nahm sein Gesicht in die Hände und küßte ihn auf die Stirn. Auch die anderen Freunde sprachen gute Worte zu dem traurigen Mann.

«Ihr könnt euch nicht vorstellen, wie die Jahre der Einsamkeit einem die Worte ersticken. In den ersten Jahren habe ich gegen die Mauern gesungen und laut geredet. Aber meine Worte und Lieder hallten von den kalten Wänden meiner Zelle und fielen zu Boden. Zwölf Jahre lang hielten sie mich in einem Keller mit Ratten. Ich wünschte mir, daß die Ratten über mich herfallen würden, aber das taten sie nicht. Ihr könnt euch nicht vorstellen, wie sehr mich gequält hat, daß meine Gedanken und Gefühle immer wieder in mir explodierten, aber daß ich sie niemandem mitteilen konnte. Eines Tages saß ich da und hörte das Quieken der Ratten. Plötzlich stellte sich eine Ratte auf die Hinterpfoten und erzählte mir eine Geschichte.» Und der ehemalige Häftling erzählte eine Fabel, die ich hier aus Zeitgründen nicht erzählen kann.

Am nächsten Tag warteten Onkel Salim und seine Gäste gespannt auf den Schlosser. Es war der letzte Tag, aber der Schlosser kam nicht. Als die Uhr acht Mal schlug, knisterte fast die Luft im kleinen Zimmer.

«Wo bleibt der Bursche? Es sind nur noch vier Stunden bis Mitternacht!» rief der ehemalige Minister.

Kurz vor neun betrat der Schlosser mit seiner dicken Frau das Zimmer.

«Guten Abend», grüßte die Frau die erstarrte Männerrunde. Sie stupste den Friseur, und als dieser Platz machte, setzte sie sich neben Salim. Die alten Herren erwiderten den Gruß, wie es sich gehört, aber der Ärger sprühte aus allen Poren ihrer Gesichter. Es war seit über zwanzig Jahren das erste Mal, daß eine Frau an ihrer Runde teilnahm.

«Ich habe nie erzählt», sagte der Schlosser. «Als ich ein Kind war, wollte ich immer erzählen. Aber mein Vater sagte: ‹Kind, schweig – bei jedem

Satz, den du erzählst, wirst du um ein Stück nackter. Reden entblößt, und du wirst verletzlicher.› Meine Mutter, selig sei ihre Seele, fügte immer wieder hinzu: ‹Kind›, sagte sie, ‹wenn du Geschichten erzählst, um dich zu verstecken, wird die Decke, unter der du dich versteckst, mit jedem Wort um ein Stück größer, bis du darunter erstickst.› Ich habe nie erzählt, damit ich weder ersticke noch verletzt werde, und ich kann es nicht mehr lernen. Ich glaube, ich habe den Beruf des Schlossers gewählt, weil die am wenigsten reden; bei uns ist es immer so laut zugegangen, daß wir nur das Notwendigste gesprochen haben. Die ganze letzte Nacht konnte ich nicht schlafen. Es wäre schlimm, wenn Freund Salim wegen meines Versagens für immer stumm bleiben müßte. Als meine Frau von meinem Kummer erfuhr, sagte sie, sie würde gerne Salim erzählen.»

«Ich weiß nicht», sagte der Minister a.D., «ob die Fee damit zufrieden sein wird. Hat sie nicht gesagt, daß die Geschichten von Männern erzählt werden sollen?» vergewisserte er sich bei Salim. Doch der alte Kutscher enttäuschte ihn mit einem deutlichen Kopfschütteln.

Der Friseur verdrehte die Augen, der Lehrer murmelte vor sich hin, und der Minister a.D. schaute mit dem Caféhausbesitzer zum Hof hinaus, als wäre dort etwas zu entdecken. Nur der ehemalige Sträfling und der Emigrant lächelten der Frau aufmunternd zu.

«Ist ja unglaublich», empörte sich die Frau. «Ich bin zu Salim gekommen, und ihr führt euch auf wie kleine Kinder. Ja, glaubt ihr wirklich, ich komme zu euch? Eure Runde, eure Männerrunde ist langweilig!»

«Sag deinem Weib», rief der ehemalige Minister aufgebracht, «sie soll sich in acht nehmen, wenn sie redet!»

Aber die Frau ließ ihrem Mann keine Möglichkeit.

«Nur wenn Salim nicht will, gehe ich», fügte sie schnell hinzu.

«Ja, mein lieber Salim, willst du, daß meine Frau die nächste Geschichte erzählt oder nicht?» rettete sich der Schlosser.

Salim nickte und drückte die Hand der Frau.

«Schön, ich wußte doch, daß du meine Geschichten magst. Aber bevor ich erzähle, warum die Hexen den Stein der Weisen zerstörten, will ich euch sagen, daß ihr überhaupt keine Ahnung habt, was Frauen erzählen können. Ihr redet dauernd und hört nie zu – als ob Männer zwei Münder, aber nur ein Ohr hätten. Mein Mann war vollkommen überrascht, als ich ihm sagte, daß ich gut erzählen kann. Er lebt seit fünfzig Jahren mit mir und weiß nicht, daß ich mit Begeisterung Geschichten erzähle. Ich sage es offen: wenn er heute nicht verzweifelt gewesen wäre und nicht große Sorge um seinen Freund Salim gehabt hätte, wäre es ihm egal, ob ich erzählen kann oder nicht. Ich weiß von vielen Frauen, daß sie hundertmal besser erzählen können als ihre Männer.»

«Das mußt du begründen!» forderte der Lehrer aufgeregt.

«Weil diese Frauen besser zuhören können! Seit tausend Jahren hören wir zu, das hat unsere Ohren besser gemacht...»

«Meinst du anatomisch oder nur morphologisch?» fragte der Minister a.D. und lachte laut.

«Ich verstehe dein Gelaber nicht», antwortete die Frau unbeeindruckt, «aber ich weiß es. Wir haben bessere Ohren, und wir erzählen besser. Aber was auch immer wir erzählen, wird von euch heruntergemacht, und das seit aller Ewigkeit. Ihr schwärmt von Scheherazade und habt keine Ahnung von ihren tausendundeinen Schwestern, die unter euch leben und gerne erzählen. Ich erzähle gerne und gut!»

«Das wollen wir später beurteilen, wenn ich vermerken darf», warf der Lehrer ein.

«Ich weiß es bereits – weil ich erzählen kann, obwohl ihr mich dauernd unterbrecht», konterte die Frau.

Sie erzählte, wie die Hexen im alten Ägypten nach Jahren der Mühe den Stein der Weisen gefunden hatten. Wenn einer ein Körnchen – so groß wie eine Linse – nach dem Aufstehen zu sich nahm, handelte er den ganzen Tag weise und vernünftig, und Forscher und Denker kamen auf die genialsten Ideen. Ein Körnchen genügte für den Entwurf der Pyramiden, zwei davon lösten das Problem der technischen Durchführung. Nur: die Menschen wurden so vernünftig, daß sie keine Gefühle mehr brauchten. Es wurde für sie zur Kalorien- und Zeitverschwendung, jemanden zu streicheln, geschweige denn mit jemandem ein Liebesspiel zu treiben.

Die gefeierten weisen Hexen betrachteten diese Gesellschaft, die keine Fehler mehr machte, aber fähig war, ein anderes Land samt seiner Bevölkerung zu vernichten, ohne am Abend den Nachtisch zu vernachlässigen. Sie beschlossen, den Stein der Weisen zu vernichten und ihn auf alle Meere der Erde zu verteilen.

Die Geschichte ist lang, und deshalb kann ich sie leider hier nicht erzählen. Aber als die Frau die Geschichte beendet hatte, atmete Salim erleichtert auf und rief mit seiner tiefen Stimme:

«So eine wunderbare Geschichte habe ich noch nie gehört», und Sie können sich vorstellen, was für ein Jubel in dem kleinen Zimmer ausbrach.

Stuttgart 1986

Wie ich Frau Sprache
verführte

Ich danke der Stadt Hameln und der Jury, die meine literarische Arbeit mit dem Rattenfänger-Literaturpreis würdigten. Die Anerkennung der Literatur eines Fremden ist wie ein Zuhause, das dem Wanderer eine Heimat gibt. Die Grenzen dieser Heimat werden nicht durch Stacheldraht, sondern durch Liebe und Achtung in den Herzen der Menschen bestimmt.

Ich möchte meine Freude über den Preis nicht verheimlichen. Einer, der von Geburt an zwischen allen Stühlen mal schmerzhaft und mal vergnügt lebt, empfindet schon eine besondere Freude, daß seine literarische Arbeit, die er selbst mehr anzweifelt als je ein Literaturkritiker es könnte, in vielen Sprachen gelesen wird und auch noch Preise bekommt.

Ich fragte mich also, was schenkst du der Stadt als Dank für diese Freude? Nach langer Überlegung habe ich es herausgefunden: Ich werde hier in Hameln zum ersten Mal eine wichtige Quelle verraten, aus der ich den größten Teil meiner Geschichten schöpfe, damit auch andere Geschichten aus dieser Quelle herausholen und erzählen können. Ich werde oft nach Erzählabenden, in Briefen oder Interviews gefragt, woher ich meine Geschichten bekäme. Meine genau kalkulierten Antworten waren bisher zu einem Viertel reinste Lüge und zu einem Viertel Halbwahrheit. Das dritte Viertel war eine Art inhaltsloser Sammlung aus gemurmelten und gestotterten Silben meiner Verlegenheit. Zu einem Achtel war die Antwort Schweigen. Das übriggebliebene Achtel, das die Antwort enthielt, war längst so getarnt, daß die Fragenden nicht mehr durchblickten. Wer verrät schon das Versteck seines Schatzes?

Nein, heute werde ich Ihnen als Dank für den Preis die wichtigste Quelle meiner Geschichten verraten. Ich kann das auch leichten Gewissens tun, weil ich sie so abgesichert habe, daß mir kein Schaden entsteht. Gedulden Sie sich aber zehn Minuten, bis ich Ihnen etwas von der Entstehungsgeschichte des preisgekrönten Buches *Erzähler der Nacht* berichtet habe. Danach werde ich Ihnen das Geschenk machen.

Wann die Idee zu diesem Buch geboren wurde, weiß ich heute nicht mehr genau. Es war Ende der sechziger Jahre, als mich ein Kulturredakteur in Damaskus fragte, ob ich einen Artikel über meine Erfahrung mit dem Erzählen schreiben könnte. Das fand ich damals komisch. In Damaskus ist Erzählen eine ganz gewöhnliche Sache wie Teetrinken oder Spazierengehen. Heute weiß ich aber, daß dieser Redakteur fast prophetisch die Bedrohung der Erzählkunst in Damaskus voraussah und durch eine Diskussion auf die Gefahr des Verstummens aufmerksam machen wollte.

Obwohl ich die Frage komisch fand, setzte ich mich hin und versuchte, ein paar vernünftige Seiten über das Erzählen zu schreiben. Bald entdeckte ich, daß ich einigermaßen erzählen konnte, aber keine Ahnung vom Wie und Warum hatte. Über die Erzähltechnik und -kunst fand ich keine originelle Idee, sondern nur die vielen großen und kleinen Lücken meines Wissens darüber. Also mußte ich den Artikel absagen, aber eine Neugier in mir öffnete ihren Rachen und verschlang immer mehr Bücher, Romane und Erzählungen aller Art, und je mehr sie gefüttert wurde, um so hungriger wurde sie, die Neugier. So ist es mit dieser unentbehrlichen Voraussetzung der Schriftstellerei.

1971 siedelte ich in die Bundesrepublik über. Mit fünfundzwanzig Jahren, einem Koffer und vier deutschen Wörtern kam ich in Frankfurt an. Hier machte ich zum ersten Mal in meinem Leben die Erfahrung des aufgezwungenen Verstummens. Keine hinreichende, aber eine notwendige Voraussetzung fürs Nachdenken über die Stimme, die Worte und ihre Synthese: das Erzählen.

1975 notierte ich in meinem Arbeitsheft, nach einer lebhaften Diskussion über die Erzählkunst im Orient und Okzident, folgendes: Du mußt eine Erzählung über das Erzählen schreiben.

Es vergingen aber fast zehn Jahre, bis ich die Erfahrung machen konnte, die meine Idee und mein Handwerk zur Reife brachte. Aber bald stellte sich die Frage nach der geeigneten Form für dieses Thema. Ich glaube heute wie vor zwanzig Jahren, daß jedes Thema nur durch eine einzige Form zur Kunst wird. Man kann es zwar in einer Vielzahl von Gattungen abhandeln, doch nur eine Form macht das Thema zur wahren, das heißt unsterblichen Kunst. Mit Sicherheit haben viele über die Zerstörung der baskischen Stadt Guernica geschrieben, komponiert oder Filme gedreht, doch das Gemälde Picassos ist die Form, die *das Thema* «Guernica» zur Kunst erhob. Woody Allens Geschichten kann man mit Vergnügen lesen, doch nur seine Filme sind wie die Charly Chaplins Kunstwerke. Verdis Aida, die Fabeln Äsops, die Mona Lisa, Don Quichotte und Alexis Sorbas sind nur durch die *eine* Form, die wir kennen, zu Kunst geworden.

Im Herbst 1985 machte ich einen kurzen Urlaub am Bodensee. An einem gewöhnlichen Nachmittag war die Geschichte *Erzähler der Nacht* ganz klar in meinem Kopf. Ich schrieb in einer

Nacht die Skizze des Buches. Es verging aber ein weiteres Jahr, bis aus der Skizze eine Art Erzählung von nicht mehr als zwanzig Seiten wurde, die ich als Dankesrede für den Thaddäus-Troll-Preis gehalten habe. Von nun an brauchte ich drei Jahre, um das Buch im Herbst 1989 fertigzuschreiben.

Es ist mir ein Bedürfnis, all denen Dank zu sagen, die mir zur Seite standen. Meinem Bruder Francis gilt ein besonderer Dank, da er immer eine Art Geburtshelfer spielt. Er hört ziemlich früh den ersten unbeholfenen Versuch meiner Geschichten. Er hört still zu. Manchmal denke ich, er sei eingeschlafen, doch wenn ich zu Ende erzählt habe, spricht er seine schonungslose, aber konstruktive Kritik aus, und die sitzt. Trotzdem wäre das Buch niemals so gut geworden, wenn nicht zwei Freunde mir zur Seite gestanden hätten. Es sind Hans-Joachim Gelberg und Alexander Flores. Um die Rolle dieser Freunde zu erklären, muß ich etwas ausholen:

Meine Kenntnisse der deutschen Sprache beschränkten sich bei meiner Ankunft am 19. März 1971 auf vier Worte: «Jawohl!» und

«Ich liebe Dich». «Jawohl!» wiederholten die deutschen Soldaten in den billigen und gleichzeitig gefährlich verharmlosenden amerikanischen Filmen über das dritte Reich. Die restlichen Worte stammen von den Touristenjägern in Damaskus. Sie riefen den Satz: «Ich liebe Dich!» an dritter Stelle nach «I love you» und «Je t'aime», wenn sie eine blonde Touristin sahen.

Was erlebt ein Fremder beim Erlernen einer neuen Sprache?

Die Sprache ist eine wundersame Frau. Sie wohnt in einem Haus. Das Haus der Sprache kann alt und verfallen, ein Neubau der Sachlichkeit oder verspielt in Farbe und Form sein. Doch das Wundersame ist, so klein auch das Haus der Sprache sein mag, es kann die ganze Menschheit aufnehmen. Jeder, der Frau Sprache kennenlernen will, muß in das Haus hinein. Frau Sprache ist sehr eigenwillig, sie läßt die Kinder zu sich, bevor sie noch krabbeln können, doch nähert sich ein erwachsener Fremder ihrem Domizil, verschließt sie die Haustür mit sieben Siegeln. Hier resignieren viele, doch wer hineingeht, der wird reichlich belohnt. Er muß genug Geduld und List haben, bis sich die Siegel der Haustür aufbrechen lassen.

Geht er hinein, so lernt er die Menschen, die darin wohnen, und ihre Kulturen kennen. Er lernt aber auch, die Dinge neu zu benennen und vor allem neue, ihm bis dahin fremde Klänge zu hören und danach auszusprechen, denn nur über das Ohr wird die Zunge klug. Er geht durch enge, manchmal dunkle Gänge. Oft stolpert er. Im Haus der deutschen Sprache etwa hängt ein Schild mit der Aufschrift «Vorsilbengang» über einem Korridor: kommen, bekommen, verkommen, einkommen, auskommen, hin-, her-, an-, ab-, auf-, unterkommen, und der Fremde kann nicht entkommen. Viele dieser Gänge muß er bestehen. Für einen Araber beispielsweise ist der unangenehmste Gang der der Artikel: «der, die und das». Im Arabischen gibt es nur «Al» als Artikel, und wir kennen kein Neutrum. Nicht selten muß der Fremde im neuen Haus der Sprache Dinge maskulin verstehen, die er von Kind auf im Haus seiner Muttersprache als feminin gelernt und verstanden hat: Baum, Segen und Fuß sind im Arabischen weiblich. Und für einen

Araber wird es nie verständlich sein, warum er eine junge Frau *das* Mädchen nennen soll. Vom Gang der Wortverschmelzung brauche ich Ihnen nicht zu berichten. Für das Wort «Aufenthaltserlaubnisformular» braucht ein Araber einen Satz. Um seinen Eltern in einem Brief von seiner Freundin, der Tochter des Oberweserdampfschiffahrtsgesellschaftsvorsitzenden, zu berichten, braucht er mehrere Zeilen.

Nicht minder übel ist der Korridor «P und B in einem Wort». Das Arabische kennt kein P, und «Pablo probiert einen knusprig gebackenen Pumpernickel» gleicht einer Folter. Aber auch wenn sich Ü und U in einem Wort treffen, brechen sie einem Araber die Zunge. Die arabische Sprache kennt kein Ü. Zuruck ist falsch, genau so wie züruck und zürück. Schafft der Fremde all diese Gänge, so hat er die wundersame Frau Sprache zu einer weiteren Annäherung verführt, denn ein Fremder darf nie die Illusion haben, die Sprache beherrschen zu wollen. So, wie die meisten Frauen, mag Frau Sprache nicht beherrscht werden. Man muß sie listig und mit der Gabe der Geduld verführen, daß sie freiwillig bei einem bleibt.

Erst dann nimmt sie einen an der Hand zum nächsten Stockwerk. Eine Treppe führt steil hinauf, und nicht selten kapituliert der Fremde und kehrt ins Erdgeschoß zu den Kindern zurück, oder flüchtet in das vertraute Haus seiner Muttersprache.

Gelangt der Fremde mit Geduld und List zu einer höheren Etage dieses Hauses, so kann er manch ein Fenster aufstoßen und eine zauberhafte Landschaft überblicken, die ihm im immer noch nahen Hause seiner Muttersprache nie sichtbar war. Er kann sich an die Fensterbank lehnen und amüsiert die Gärten der beiden Häuser vergleichen, ja in seiner Phantasie gar sonderbar exotische Blüten kreuzen. Das Wundersame ist aber: diese Bäume und Blumen entstehen sofort im Garten der Sprache, bei der der Fremde wohnt. Manch eine Blume wird einem Einheimischen in ihrer leuchtenden Farbe nie zugänglich sein. Die Malerei, Musik und Literatur der Einwanderer in diesem Land können trotz der Kürze der Zeit und trotz der Republikaner einige hervorragende Früchte vorweisen.

Doch zurück zum Haus der Sprache. Auf einem

höheren Stockwerk sind die Gänge etwas heller, und ihr Boden ist mit einem weichen, dicken Teppich belegt, sodaß der Fremde manchmal nicht einmal ahnt, daß er hingefallen ist, wenn nicht Freunde ihn aufklären. «Ekel» lauerte auf mich achtzehn Jahre lang, wie oft habe ich *das* Ekel gesagt, wenn ich *den* Ekel gemeint habe. Es ist ein Zufall gewesen, als ich erst vor kurzem den Unterschied zwischen beiden Ekeln kennengelernt habe.

Vernarrt in seine Geliebte, fängt der Fremde gar an, im Traum mit ihrer Zunge zu reden. In meinen Träumen sprechen meine Nachbarn in Damaskus inzwischen Deutsch. Nur wenn meine Mutter Deutsch spricht, wache ich auf. Es wird mir im Traum klar, daß ich träume.

Abenteuerlich ist das Erlebnis des Fremden im Haus seiner neuen Sprache. Abenteuer kann auch sehr schmerzhaft sein, zu Zweifel führen und doch unbekannte Ufer näherrücken. Doch je höher er im Haus der neuen Sprache steigt, umso ferner rückt das Haus seiner Muttersprache. Diese Entfernung geschieht auf leisen Sohlen, und irgendwann wundert sich der Fremde, wie weit weg das

Haus seiner Muttersprache inzwischen ist. Er gerät in Konflikt mit seiner Erinnerung, also mit seiner Identität. Doch diese Identität wird nicht gespalten oder geht gar verloren, sondern sie wird komplizierter und bunter.

Nach mehreren Stockwerken verwandelt sich die anfängliche Verliebtheit des Fremden in die wundersame Frau in eine lebendige Liebe. Der Ausdruck seiner Liebe ist seine Neugier auf sie, die keine Grenzen mehr kennt, und Frau Sprache gibt ihm mit vollen Händen zurück und macht ihn noch neugieriger.

Der Fremde wird aber – das ist zumindest meine Einschätzung – nie zum Dachgeschoß des Hauses gelangen, wo einige Schätze ihm wahrscheinlich für immer verborgen bleiben. Hier ist die Hilfe von sensiblen, nicht belehrenden Freunden notwendig. In meinem Fall sind es zwei, denen ich viel Anregung und Hilfe verdanke. Ich erwähnte sie schon: Hans-Joachim Gelberg und Alexander Flores. Wie oft haben die zwei mir eine kleine Strickleiter gehalten, damit ich zum Dachgeschoß gelange. Es führt nämlich keine richtige Treppe hinauf. Ich habe mit aller List, und manchmal nicht ohne Gewissensbisse, versucht, die gottverfluchte Leiter zu erklimmen. Doch meine fünfundzwanzig Jahre im Hause meiner Muttersprache machten mich ungelenkig. Ich kann sowieso nicht gut klettern. Ich erkläre vor Zeugen: wollte Hans-Joachim Gelberg jemals in das Haus der arabischen Sprache, so werde ich meine guten Beziehungen zur Muttersprache spielen lassen, damit sie ihn sofort in den Arm nimmt. Alexander Flores wohnt längst dort.

Ich möchte Ihnen, wie versprochen, die wichtigste Quelle meiner Geschichten verraten. Hier ist sie ohne Gemurmel und Lüge: Die Quelle vieler meiner Geschichten ist die Zunge der anderen. Die Menschen, so wortkarg sie auch sein mögen, erzählen eine Menge vom Erlebten, Erdachten oder Erträumten. Sie erzählen das ohne Trommel und Trompete, einfach so. Oft verschlüsselt erzählen die Menschen, und nicht selten versteckt sich unter einem Berg von langweiligen Banalitäten eine kostbare Perle. Man muß die Geduld haben, um sie aus den Berichten der Freunde, Kollegen, ja der Mitreisenden in einem Intercity herauszupicken.

Jeder kann daraus Erzählungen schöpfen, ja, Kerne für Romane sammeln. Diese Zauberquellen versiegen nie, solange es Leben auf unserer Erde gibt. Man muß bloß gut zuhören.

Hameln 1990

Warum ich über den Tod einer Figur weinte

Die Stadt Wetzlar hat mir mit dem Phantastik-Preis 1990 erneut eine Freude geschenkt. Die Freuden der Abende in Wetzlar sind für mich unvergeßlich. Allein mein erster Auftritt im Buchladen am Kornmarkt wird mich immer lächeln lassen. Es ist eine lange und wahre Geschichte, doch sie ist so unglaublich, daß ich sie lieber nicht erzählen will, damit Sie nicht nochmal den Preis allein für diese Geschichte ausgeben müssen.

Preise sind für mich willkommene Anlässe, um über meine literarische Arbeit wieder einmal gründlich nachzudenken. Sie sind wie die Oasen der Wüste, wo die Reisenden eine Pause einlegen.

Wenn sie klug sind, verweilen sie nicht allzulange, sondern nutzen die kurze Zeit, um Kraft zu schöpfen. Wer zu lange in einer Oase bleibt, ist kein Reisender mehr. Er wird fett und träge, und er wird die Wüste nur noch fürchten. Nein, ein Schriftsteller ist wie ein Kutscher: sobald der ein Ziel erreicht, verwandelt sich dieses für ihn in einen Ausgangspunkt für die nächste Reise. Er kann während der kleinen Erholung zurückblicken und seine Erfahrung bewerten, um sich wieder in das Ungewisse der Wüste zu stürzen.

Ihr Preis ist eine Oase, in der ich mich an ein wundersames Erlebnis mit der Hauptfigur in *Erzähler der Nacht* erinnere. Sie werden es nicht glauben, aber es ist so passiert. Ich schwöre es Ihnen, jedes Wort ist wahr. Für Sätze aber hafte ich nicht.

In kleinen Ansätzen hatte ich den Kutscher Salim schon in meinen früheren Geschichten erwähnt. Die Umstände meiner Emigration verzögerten die Veröffentlichung dieser Sammlung unter dem Titel *Der Fliegenmelker* bis 1985, obwohl das Manuskript schon 1980 reif zum Druck in meiner Schublade wartete.

Im Herbst 1985 fing ich mit dem ersten Entwurf zum *Erzähler der Nacht* an. Schon bald aber meldete sich die Frage nach Gestalt und Charakter der Hauptfigur. Wer soll sie sein? Ist sie ein Mann oder eine Frau? Wie sieht sie aus? Wie denkt sie? Wie handelt sie in Gefahr?

All diese und noch mehr Fragen beschäftigten mich, als ich an einem Dienstagabend, ermüdet von der Arbeit, einen bunten Regenbogen-Stift (man nennt ihn so seiner mehrfarbigen Mine wegen) in die Hand nahm. Auf ein leeres Blatt zeichnete ich bunte Kreise und Schleifen, Sterne und Wolken. In Gedanken aber wanderte ich durch die Gassen, Häuser und Cafés der Stadt Damaskus auf der Suche nach einer Figur oder nach einer geeigneten Mischung vieler mir bekannter Menschen, um daraus eine glaubwürdige Figur zu erschaffen.

In meiner Kindheit kannte ich viele skurrile Menschen, die ohne weiteres in Fellinis Filmen spielen oder ihnen gerade entstiegen sein könnten. Und immer, wenn ich auf der Suche nach einem Protagonisten bin, melden sie sich aus den Gassen meiner Erinnerung. Manche rufen leise und winken mir fast schüchtern zu, andere sind aufdringlich: «Mich kannst du ja endlich nehmen. Ich kann eine Menge und stehe hier nur herum!»

Plötzlich sah ich ein Männchen, das sich aus einem bunten Stern löste und über das leere Blatt vor mir wanderte. Ich rieb die Augen, doch es war keine Einbildung. Das Männchen hatte ein verschwommenes Gesicht und eine undefinierbare Gestalt. Es ähnelte einem beweglichen Farbfleck. Es lief ruhelos hin und her. Ich dachte gerade, die Hauptfigur wird Onkel Salim heißen, und schon ist die Gestalt eindringlicher geworden. Sie bekam Konturen, einen grauen Schnurrbart und schneeweiße Haare, eine kräftige Nase und zwei kleine, kluge Augen. Ich gestaltete, immer noch das Männchen anstarrend, seine Hände und Füße, Hose und Hemd, doch es ging immer noch unruhig hin und her. Erst spät sah ich meinen Fehler und verpaßte ihm einen Mund mit kräftigen Lippen und zwei Goldzähnen, die beim Lächeln in den Mündern vieler alter Leute von Damaskus blitzen.

«Endlich!» rief das Männchen und setzte sich hin. «Du bist mein Schöpfer, aber du hast mir einen Mund geschenkt und mußt nun meine Meinung ertragen.»

Ich antwortete wie benommen: «Klar, das habe ich gerne getan!» Doch meine Meinung erwies sich als übereilter Leichtsinn. Von nun an erschien der kleine Onkel, sobald ich seinen Namen buchstabierte, und fing an, an allem herumzumeckern und zu kritisieren, daß ich mich manchmal fragte, ob es nicht ratsamer gewesen wäre, auf Onkel Salim zu verzichten und eine etwas genügsamere, bescheidenere Figur zu schaffen.

Das ging auch gleich los. Gerade dachte ich, daß er klein und schmächtig sein soll, schon hörte ich seinen Unmut. «So klein!» meldete er sich, «Du willst Mitleid erregen, damit die Leute mich mögen, aber das ist nichts für mich. Ich kann mit Mitleid nichts anfangen. Mache mich lieber groß.»

Nun gut, ich machte ihn etwas größer und dachte mir, er soll etwas rundlich sein. Rundliche Leute sind in der Regel lustig, und meine Figur sollte es auch sein.

«So dick!» meckerte er, «das ist doch billig. Das hast du im Kino gelernt. Alle Schauspieler in Indien und Arabien sind fett, um den Hungernden Wohlstand vorzugaukeln. Ja, das mögen die Leute, aber ich will es nicht. Ein Kutscher wie ich, der Hunger gelitten hat, wird nie dick! Weißt Du überhaupt etwas vom Kutscherleben?» Ich wußte nur wenig, und deshalb fing ich sofort an, alles über Kutscher zu sammeln, was in meine Hände fiel. Nach Wochen schrieb ich: «Salim war ein Kutscher und litt in seiner Jugend, wie alle Kutscher in Syrien, viel Hunger.» Schon hörte ich ein leises Kichern.

«Ja, das hast du gut geschrieben, aber bitte nicht so dick auftragen, sonst kommen mir die Tränen. Kennst du die Geschichte des verrückten Lehrers?» Ich schüttelte den Kopf.

«Die ist schnell erzählt. Da kam ein Lehrer, der die ganze Weinerlichkeit der arabischen Literatur satt hatte, in eine Schule. Weißt du, die arabischen Schriftsteller heulen zu viel in ihren Geschichten. Warum das so ist, hat eine lange Geschichte, die ich dir ein anderes Mal erzählen werde.

Nun kam der Lehrer und gab den Schülern ein

ganz schönes Aufsatzthema: «Erzähle mir von deiner ersten Liebe!»

Die Schüler standen kurz vorm Abitur, und jeder von ihnen hatte schon mindestens die siebte Liebesgeschichte hinter sich. Zwei Stunden schrieben die Schüler fleißig. Der Lehrer war auf die Aufsätze so gespannt, daß er sogar das Mittagessen ausfallen ließ, um sie zu lesen. Seine Enttäuschung war dementsprechend groß: Lauter Tränen und durchwachte Nächte. Nicht selten hörten sich die Geschichten an wie die eines Kriegers mit unheilbar verletztem Herzen – und nicht ohne Bereitschaft zum Heldentod, wenn die Angebetete nur für eine Sekunde dem Liebestollen zuwinkte. Am nächsten Tag kam der Lehrer mit den Aufsätzen und einer Tüte voll Zwiebeln in die Klasse. Er gab die Aufsätze unkorrigiert zurück, schnitt die Zwiebeln, verteilte sie unter den Schülern und forderte sie auf, solange die Zwiebel an ihren Nasenspitzen zu reiben, bis sie weinten. Nach einer Weile heulte die Klasse. «Nun!» rief der Lehrer, «habt ihr genug geheult, schreibt bitte den Aufsatz nochmals, aber ohne Tränen!» Die Schüler lachten sich krumm über ihre Weinerlichkeit und schrieben die schönsten Liebesgeschichten.»

Die Geschichte traf mich wie ein Kübel kalten Wassers. Ich war nämlich im Begriff, mitleidig den Onkel Salim in den düstersten Farben zu malen, damit die Leser ihn lieben. In dieser Nacht führte ich den ersten Aufstand in meinem Herzen gegen die Weinerlichkeit meiner Tradition. Und immer, wenn ich einen Hauch von Mitleid um Salim verbreiten wollte, saß er da mit übergeschlagenen Beinen und einer Zwiebel in der Hand.

Monatelang arbeitete ich, und immer wieder tauchte er auf und mischte sich ein. So wurden wir uns vertraut, und ich habe ihn liebgewonnen. Ich durfte das aber nicht zeigen, weil er sofort protestierte. «Na, na, na! Du darfst mich nicht zu sehr lieben. Du hast mich geboren, doch wie die Kinder ihren Eltern nicht gehören, so gehöre auch ich dir nicht.»

Als ich ihn eine kluge Geschichte erzählen ließ, freute er sich über sie, lachte und amüsierte sich bis zum letzten Wort, doch dann kam der Hammer. «Welcher kluge Mensch hat diese Geschichte erzählt?» fragte er verschmitzt.

«Du natürlich!» antwortete ich etwas verdutzt. Sein Gesicht trübte sich. «Ich bin doch ein einfacher Kutscher. Verstehst du das? Ein einfacher Gauner von der Gasse. Diese wunderbare Geschichte kann nur aus der Seele eines Gelehrten kommen, verstehst du? Solche Phantasien kommen bei mir nur, wenn ich fiebere. Meine Frau sagt, ich rede dabei sogar Französisch. Ich kann nie eine solche Geschichte erzählt haben. Leider nicht!» sprach er mit trauriger Stimme.

Diese bittere Erfahrung zwang mich, eine gründliche Studie über das Erzählen an und für sich aus pädagogischer und psychologischer Sicht durchzuführen.

Nun, um nicht während der langen Zeit des Studierens aus der Übung zu kommen, nahm ich die Arbeit an einem alten Manuskript über das Leben im Damaskus der fünfziger Jahre wieder auf, und wie selbstverständlich ist wieder der Onkel Salim mein Freund und Weggenosse in diesem Roman. Ich muß gestehen, daß ich mir keinen anderen Freund bei der *Hand voller Sterne* wünschte. Es ist eine Geschichte aus Damaskus, in deren Mittelpunkt der Journalismus und die Liebe stehen. Onkel Salim ist auch da der alte Kutscher, doch ab und zu fand ich ihn ziemlich blaß, da er in diesem politischen Roman gar nichts tat außer essen, schlafen, saufen und erzählen. Er schien aber mit mir zufrieden zu sein. Nur einmal verdrehte er die Augen, als ich ihn über die Liebe zu seiner Frau dichten ließ. «Nein, nein», sagte er, «das ist zwar lieb von dir, aber es ist zu übertrieben. Hast du jemals Gedichte über die erfüllte Liebe zu einer Ehefrau gelesen? Nein, die Dichter loben eine Frau. Sie stehen im Regen unter ihrem Balkon und preisen die Stunden mit ihr auf einem vor Insekten wimmelnden Waldboden solange, bis sie ihre Ehefrau wird. Dann jammern sie über jedes ungebügelte Hemd, aber sie verlieren kein Wort über die Beständigkeit der alltäglichen Liebe, keine Silbe über das Wunder der schwierigsten Einfachheit der Erde: die Liebe im Alltag. Du darfst schreiben, daß ich meine Frau immer «meine Gazelle» nannte, und daß ich ihre kleine Hand am liebsten den ganzen Tag berührte. Laß meinetwegen die Nachbarn darüber lachen. Das nehme ich hin, aber kein Wort werde ich dichten!»

Als ich das so schrieb, streichelte er, auf meiner Schulter sitzend, mein Ohr, und es kitzelte sehr angenehm. Nun, wie gesagt, ich fand ihn ziemlich unpolitisch in einer bis heute explosiven Gegend mit Erdöl, Elend und Familienclan-Diktaturen. Das wollte ich nicht hinnehmen.

Ich bereitete mich gut vor, als ob ich ahnte, was nun passieren sollte, wenn ich das schriebe. Tagelang sprach ich auf Spaziergängen den Absatz vor mich hin, damit er druckreif würde. Ich wollte diese wichtige halbe Seite schnell heruntertippen, bevor er Atem holte. Lächelnd setzte ich mich an die Schreibmaschine und haute in die Tasten, was das Zeug hielt. Ich ließ Onkel Salim zu einem Marxisten mit arabischen, ritterlichen Zügen werden. Lenin, Che Guevara und Robin Hood wären blaß vor Neid geworden. Er trampelte auf meiner Schulter, zupfte mir die Haare, zwickte mich ins Ohr, doch nichts konnte mich aufhalten. Ich war sicher, er würde am Ende zufrieden sein mit all dieser Gerechtigkeit im Herzen, die ich ihm zugeschrieben hatte. Als ich fertig war, kletterte er entkräftet von meiner Schulter und setzte sich auf das Blatt.

«Junge, Junge! Was soll dieser Schwachsinn?» Er schüttelte den Kopf. «Du machst Höhenflüge mit deiner Phantasie. Ich aber stehe ganz unten auf einem ziemlich harten Boden. Mir ist ein kühler Arrak und ein deftiges Essen näher als deine Revolution. Es fehlt nur, daß ich für das Vaterland den Heldentod sterbe und irgendeinen Deppen darum bitte, dies auch noch meiner Frau zu sagen. Meine Frau wird dann weinen und irgendeinen Blödsinn von sich geben, wie das diese Kriegsfilme unermüdlich und in allen Sprachen bringen. Nein, meine Frau, die du so toll geschaffen hast, wird den Kopf schütteln und sagen: ‹Dieser Dummkopf! Er ist bestimmt besoffen gewesen und auf eine Mine getreten! Schon immer habe ich ihm gesagt, er soll mit dem Arrak und dem Vaterland Schluß machen. An einem von beiden wird er krepieren.› Das wird sie bestimmt sagen. Ich kenne sie seit hundert Seiten. Nun mache diese halbe Seite weg und veranstalte ein Essen, ich bin drauf ganz gierig.» Beschämt ließ ich ihn schmausen.

Die Wochen und Monate vergingen, und ich wurde immer vertrauter mit Onkel Salim. Immer mehr wußte ich, was ihm paßte und was nicht. Immer weniger meckerte er. Ein bekümmertes Gesicht genügte mir, und ich strich mehrere Zeilen oder gar einen Absatz durch. Der Roman *Eine Hand voller Sterne* kam ziemlich gut voran. Ich recherchierte immer noch für den *Erzähler der Nacht*, aber die Arbeit am Roman war produktiv und nahm mich sehr in Anspruch, nur selten stritten wir. Nur wenn ich zu viel arbeitete, meldete er sich behutsam. «Mach mal Pause. Das Zeug, das du schreibst, hat keine Phantasie. Zuviel Arbeit tötet sie!».

Aber auch, wenn ich wieder auf einem Höhenflug war und, beseelt von Haß gegen Krieg und Diktaturen und von Liebe zu meiner Stadt Damaskus, in der Beschreibung übertrieb, holte er mich gnadenlos herunter. «Das ist keine Phantasie. Phantasie spürt man um so weniger, je besser sie durchdacht ist. Das ist dein Wunschtraum. Wunschträume sind eine private Angelegenheit. Du mußt an der Sache etwas mehr arbeiten, damit sie phantastisch wird. Erst dann wird sie ein Japaner genausogut wie ein Deutscher oder Araber verstehen und genießen.»

Nun wuchs der Ich-Erzähler des Romans von einem vierzehnjährigen naiven Jungen zu einem bewußten und durch die Liebe einer weisen Frau beglückten jungen Mann. Ich ließ ihn sich von Mutter und Vater abnabeln. Die Abnabelung vom Weggefährten Salim meldete sich als eine schwierige, aber unvermeidliche Notwendigkeit. Wochenlang ließ ich Salim erkranken und die Ärzte rätseln, doch im letzten Augenblick schreckte ich vor seinem Tod zurück und warf das Kapitel in den Papierkorb. Der alte Kutscher war auf einmal still. Er sagte gar nichts. Er ließ sich die mysteriösen Krankheiten wie ihre wundersamen Heilungen gefallen. Immer wieder unternahm ich neue Versuche, doch alle Wege verwandelten sich in eine Sackgasse. Er mußte sterben.

Eines Nachts dann ließ ich ihn im Krankenbett fiebern und schwitzen. Er schaute mich an. «Mach schon. Du mußt mich sterben lassen!» sagte er mit schwacher Stimme. Ich beschrieb seinen Tod und weinte in jener Nacht so bitter wie selten zuvor. Ich habe wirklich eine ganze Woche um den Tod Onkel Salims getrauert.

Ich war erleichtert, daß ich bis dahin mit der Gestaltung seiner Persönlichkeit in *Erzähler der Nacht* fertig war. Aber die Trauer um den Tod dieses Freundes läßt mich für immer daran glauben, daß die Phantasie nicht nur die Wirklichkeit verändert, sondern sie auch neu schaffen kann.

Jedes Wort ist wahr, aber ich hafte nicht für Sätze, habe ich am Anfang gesagt. Wenn Sie nun am Schluß wissen wollen, ob es den Kutscher Salim jemals gegeben hat, dann lautet meine verbindliche Antwort:

«Ja, es müßte ihn geben!»

Wetzlar 1990

Inhalt

Wie eine wundersame Frau
beim Zuhören jünger wird
Seite 7

Die sieben Siegel
der Zunge
Seite 23

Wie ich Frau Sprache verführte
Seite 59

Warum ich über den Tod
einer Figur weinte
Seite 75

Rafik Schami im dtv

»Meine geheime Quelle ist die Zunge der anderen. Wer erzählen will, muß erst einmal lernen zuzuhören.«
Rafik Schami

Das letzte Wort der Wanderratte
Märchen, Fabeln und phantastische Geschichten
dtv 10735

Die Sehnsucht fährt schwarz
Geschichten aus der Fremde · dtv 10842
Erzählungen vom ganz realen Leben der Arbeitsemigranten in Deutschland.

Der erste Ritt durchs Nadelöhr
Noch mehr Märchen, Fabeln & phantastische Geschichten · dtv 10896

Das Schaf im Wolfspelz
Märchen & Fabeln
dtv 11026

Der Fliegenmelker und andere Erzählungen
dtv 11081
Geschichten aus dem Damaskus der fünfziger Jahre. Im Mittelpunkt steht der unternehmungslustige Bäckerjunge aus dem armen Christenviertel, der Rafik Schami einmal gewesen ist.

Märchen aus Malula
dtv 11219
Rafik Schami versteht es, in diesen Geschichten den Zauber, aber auch den Alltag und vor allem den Witz und die Weisheit des Orients einzufangen.

Erzähler der Nacht
dtv 11915
Salim, der beste Geschichtenerzähler von Damaskus, ist verstummt. Sieben einmalige Geschenke können ihn erlösen. Da schenken ihm seine Freunde ihre Lebensgeschichten...

Eine Hand voller Sterne
Roman · dtv 11973
Alltag in Damaskus. Über mehrere Jahre hinweg führt ein Bäckerjunge ein Tagebuch...

Der ehrliche Lügner
Roman · dtv 12203
Der weißhaarige Geschichtenerzähler Sadik erinnert sich an seine Jugend, als er mit seiner Kunst im Circus India auftrat. Und an die Seiltänzerin Mala, seine große Liebe...